SCIENCE ET RELIGION
Études pour le temps présent

LE
TRIPLE CONFLIT

SCIENCE — PHILOSOPHIE — RELIGION

PAR

le Vte Robert d'ADHÉMAR

Docteur ès-sciences mathématiques
Ingénieur des Arts et Manufactures
Professeur à l'Université catholique de Lille

DEUXIÈME ÉDITION

PARIS
LIBRAIRIE BLOUD & Cie
4, RUE MADAME ET RUE DE RENNES, 50
Tous droits réservés

SCIENCE ET RELIGION
Études pour le temps présent

LE
TRIPLE CONFLIT

SCIENCE — PHILOSOPHIE — RELIGION

PAR

le Vᵗᵉ Robert d'ADHÉMAR

Docteur ès-sciences mathématiques
Ingénieur des Arts et Manufactures
Professeur à l'Université catholique de Lille

PARIS
LIBRAIRIE BLOUD & Cⁱᵉ
4, RUE MADAME ET RUE DE RENNES, 59
Tous droits réservés

PRÉFACE

Nous avons, récemment (1), essayé de montrer, dans la science même, l'insuffisance du point de vue purement intellectualiste, et timidement, nous avons remarqué l'insuffisance de ce même point de vue en matière religieuse.

C'était une sorte de rapprochement que nous établissions ainsi entre la Science et la Religion. Cependant, la ressemblance ne saurait être absolue et, précisément, ce petit volume pourrait être comme une Introduction à l'étude du triple conflit : Science-Philosophie ; Science-Religion ; Philosophie et Pensée religieuse.

Ayant, dans le volume précédent, montré *certaines convergences*, nous mettons ici en lumière *des divergences*. Ce n'est point nous contredire, mais bien nous compléter.

Tout est dans tout ; les choses sont si riches que l'on peut, indéfiniment, faire sentir des rapprochements, puis des oppositions, sans plus se lasser que la vague de l'Océan...

Dans les pages qui suivent nous avons tenté de prouver que les conflits, s'ils existent, sont, avant

---

(1) *La Philosophie des Sciences et le Problème religieux* (Même collection).

DU MÊME AUTEUR

La Philosophie des Sciences et le Problème religieux.
Dans la même collection. . . . . 1 vol.

DANS LA MÊME COLLECTION

337	Alfaric (P.). — *Les Grands Philosophes*. — Aristote	1 vol.
1	A. de la Barre. — **Certitudes scientifiques et Certitudes philosophiques**	1 vol.
48	*L'Ordre de la nature et le Miracle* : **Faits surnaturels et Forces naturelles, chimiques, psychiques, physiques**	1 vol.
236	Beurlier (E.). — *Les Grands Philosophes*. — E. Kant	1 vol.
332	— *Les Grands Philosophes*. — **Fichte**. . .	1 vol.
188-189	Broglie (abbé de). — **Les Relations entre la Foi et la Raison.** *Exposé historique avec Préface*, par Augustin Largent	2 vol.
242-243	—— **Les Conditions modernes de l'accord entre la Foi et la Raison**, avec préface, par le R. P. Largent	2 vol.
217	Canet (abbé). — **La Liberté de pensée et la Libre pensée**	1 vol.
52	Cléré (René de). — **Nécessité mathématique de l'existence de Dieu**	1 vol.
97	Contestin (Chanoine). — **Le Matérialisme et la nature de l'homme**	1 vol.
130-131	Courbet (P.). — **Analogies de la Science et de la Religion**.	2 vol.
61	Domet des Vorges. — **Les Ressorts de la volonté et le Libre arbitre.**	1 vol.
265	Giraud (Victor). — **La Philosophie religieuse de Pascal et la Pensée contemporaine** .	1 vol.
46-47	Nadaillac. — **L'Évolution est-elle une loi générale de la vie ? — L'Homme et le Singe.**	1 vol.
176-177	Salomon. — **Le Spiritualisme et le Progrès scientifique**, étude sur le mouvement philosophique au XIXe siècle	2 vol.
210	— *Les Grands Philosophes*. — **Taine** . . .	1 vol.
255	— *Les Grands Philosophes*. — **A. Comte**. .	1 vol.
331	Touverez (E.). — *Les Grands Philosophes*. — **H. Spencer**	1 vol.

tout, des conflits de méthode, des conflits d'ordre psychologique.

Science, Philosophie, Religion : trois ordres bien distincts, parce que, au fond, ce sont, devant l'Univers, trois attitudes, trois orientations de recherche essentiellement différentes.

Mais si nous insistons sur certaines différences bien caractéristiques de ces trois ordres, ce n'est point pour créer comme une cascade de mépris de l'un à l'autre.

... C'est pour dire, au contraire, que la vie intérieure pleine, riche, profonde, énergique, peut et doit unifier tout cela...

L'auteur de ces pages a l'amour de la Science. Elle a ses héros et ses martyrs, grands ou obscurs.

Il aime et respecte la Philosophie, admirant le labeur et la noblesse de tant de grands esprits, plus religieux, souvent, qu'ils ne veulent le paraître.

Il croit enfin fermement qu'il faut continuer de chanter « la vieille chanson » pleine de vérités d'un autre ordre (1).

---

(1) Nous abordons un très grand nombre de questions — sur chacune nous ne donnons qu'un aperçu très rapide.

Qu'il nous soit permis de renvoyer le lecteur au petit volume de M. V. GIRAUD : *La Philosophie religieuse de Pascal* (Bloud, 2ᵉ éd.) à mon opuscule précédent : *La Philosophie des Sciences* (Bloud, 2ᵉ éd.) — et surtout à l'*Essai sur les données immédiates de la conscience*, de M. BERGSON (Alcan, 4ᵉ éd.) et aux deux volumes de M. l'abbé LABERTHONNIÈRE : *Philosophie religieuse* et *Réalisme chrétien et Idéalisme grec* (Lethielleux) — enfin à l'*Action* de M. Maurice BLONDEL (Alcan), et à ses trois beaux articles de la *Quinzaine* janvier et février 1904).

LE TRIPLE CONFLIT

SCIENCE — PHILOSOPHIE — RELIGION

CHAPITRE PREMIER

SCIENCE ET PHILOSOPHIE

> Si la métaphysique est possible, elle ne peut être qu'un effort pénible, douloureux même, pour aller de la réalité aux concepts et non plus des concepts à la réalité.
>
> H. BERGSON.

La découverte du radium a vivement intéressé tous les amis de la science. D'abord, il y avait là un mode si nouveau de recherche d'un élément chimique que c'était presque une révolution... Mais ceci n'a été remarqué que par les spécialistes. Ensuite le nouveau corps jouissait de propriétés surprenantes ; les physiciens manifestaient un certain étonnement... Et cela, tout le gros public s'en est emparé, et le faiseur de vulgarisation, dans le journal quotidien, a annoncé d'un ton prophétique que les principes fondamentaux de la physique étaient ébranlés.

Il n'est point question ici de souligner l'importance *scientifique* de ce fait que des mesures optiques et électriques admirablement conduites ont pu amener l'isolement d'un produit chimique insoupçonné et d'une extraordinaire rareté. Mais je voudrais essayer de commenter, en philosophe, les appréciations auxquelles a donné lieu cette propriété merveilleuse du radium d'échauffer un corps voisin sans se refroidir lui-même.

Par là le radium paraît se soustraire au principe de la conservation de l'énergie. Or, pour ne pas laisser subsister dans la science pareille anomalie, les physiciens ont immédiatement proposé deux hypothèses.

D'après les uns, l'espace serait constamment parcouru par des radiations analogues aux rayons lumineux, mais pour lesquelles le corps humain n'aurait aucun sens révélateur. Le radium, au contraire, aurait essentiellement le pouvoir d'absorber ces radiations, de s'en nourrir — et alors il ne dépenserait que l'énergie qu'il absorbe, d'autre part.

D'après les autres, le radium se désagrégerait, et c'est ce travail de désagrégation intime de son être qui serait la source d'énergie. Expliquons-nous : Voici une pièce d'or ; nous savons tous quel effort de cisaillement il faudrait fournir pour arracher de petits morceaux d'or à sa périphérie. Imaginons un corps qui, de lui-même, laisse échapper la matière de sa surface, il restituera ainsi un travail équivalent à celui qui, antérieurement, l'avait rendu cohérent.

Le radium, donc, aurait une désagrégation (invisible et impondérable) qui expliquerait qu'il est source d'énergie.

Voilà les deux hypothèses immédiatement proposées par les physiciens. Mais quelles sont donc ces hypothèses qui surgissent comme spontanément, éblouissantes et troublantes ?

Quelle est leur signification profonde, si toutefois elles en ont une ?

Si l'on y regarde de près, c'est tout le problème de la science qui se pose.

Existence de la science, sa valeur, ses limites, sa position vis-à-vis de la philosophie : c'est ce problème souverain qui se dresse devant nous,

Que l'on veuille donc bien nous suivre si, à propos du radium, et pour pouvoir en parler sérieusement, nous allons commencer par nous demander : qu'est-ce que la science ?

L'homme est en présence de phénomènes, c'est-à-dire d'apparences qui frappent ses sens.

Son premier soin est de donner des *noms* à ces phénomènes, et cela dans un double but, d'abord pour pouvoir se parler à lui-même, ensuite pour pouvoir parler à ses semblables. Par exemple, le mot *pesanteur* est un *signe* qui résume pour moi le souvenir de toutes mes expériences quotidiennes. Ce signe rend mon expérience personnelle commensurable avec celle du voisin. Nous prononçons le mot pesanteur devant notre interlocuteur pour éviter de lui rappeler mille souvenirs.

Ainsi, la science débute par la création d'un bon *langage descriptif* qui nous permet de résumer pour nous-même un grand nombre d'impressions et de rendre le fruit de ces impressions communicable, qui nous permet de rendre notre effort d'appréhension des choses extérieures commensurable avec le travail analogue fait par les autres.

Ayant ainsi un bon *langage descriptif*, dont la valeur est de plus en plus reconnue dans son usage tant interne qu'externe, *la valeur pratique* de ce langage tend bientôt à nous le faire prendre pour un *langage rationnel*. Nous savons si bien manier les corps pesants que nous finissons par croire que nous savons ce qu'est la pesanteur.

Et cependant ce signe est si bien et exclusivement de l'ordre pratique !

En effet, voici qu'un jour l'on découvre qu'une paille mise en présence d'ambre frotté n'est plus pesante.

Pourtant l'on avait la conviction de savoir fort bien que tous les corps sont soumis à la « pesanteur » !

Mais les expériences et les observations se multiplient ; l'on commence à discerner les conditions dans lesquelles un corps n'est plus pesant, et alors, pour résumer un très grand nombre d'expériences bien certaines, l'on crée un mot nouveau, l'on dit qu'il y a des corps *électrisés*. Et quand l'on a su manier les corps électrisés aussi facilement que les corps pesants, l'on a cru encore que le langage descriptif, pur signe pratique, était un langage parfaitement et purement rationnel et que la notion d'*électricité* était aussi *claire* que la notion de *pesanteur*. Nous aurons à revenir sur cette prétendue « clarté ». Reprenons un instant le brin de paille. Il était pesant naguère, maintenant il est électrisé, c'est-à-dire : il remonte vers l'ambre. Nous restons dans la science descriptive la plus positive quand nous disons : « Cette paille était pesante, elle est devenue électrisée. » Mais insensiblement ce langage se transforme, l'on introduit des *abstractions*, l'on dit : « Cette paille était soumise à l'influence de la *pesanteur* ; maintenant, la voici soumise à l'action de l'*électricité*, action qui annihile la précédente parce qu'elle la surpasse en intensité. »

En même temps, l'on arrive à représenter *géométriquement* ces actions par de petits segments de lignes droites avec une flèche dans le sens de l'entraînement que l'on nomme *forces*.

Ces forces ont elles-mêmes une expression *algébrique* après que l'on a créé certains *concepts* tels que « la masse pesanteur » et « la masse électrique ».

Nous avons maintenant véritablement plus qu'un langage descriptif — un langage rationnel, algébrique.

A des *notions* se sont substitués des *concepts* (1). Lorsque chacun a fait l'effort voulu pour s'assimiler ces concepts, il est alors, tant pour se parler à lui-même que pour parler à autrui, en possession d'un outil merveilleux, le langage mathématique, c'est-à-dire le langage le plus parfait, le plus rationnel, le plus impersonnel, le langage qui rend le plus parfaitement commensurable la pensée de l'un avec la pensée de l'autre.

Je dis ici la *pensée* et non point la *sensation*, et c'est, en effet, que si l'on peut dire qu'il y a déjà du rationnel dans le langage descriptif, *a fortiori* l'œuvre de la raison créatrice s'aperçoit nettement dans la formation des concepts qui sont la trame du langage mathématique.

Quelle élaboration profonde ne faut-il pas pour arriver au concept de quantité d'électricité ou de quantité de chaleur ou de potentiel électrique ?

---

(1) Je parle le même langage que MM. Le Roy et Vincent : *Revue de Métaphysique*, 1896 :

« Une *perception* donne lieu à une *notion* indécomposable, tandis qu'un *concept* est décomposable, réductible en *atomes rationnels* que M. Wilbois appelle *atomes de méthode*.

« Une perception est d'origine *sensible* (lumière) ou d'origine *intuitive* (espace). »

Il faut ici faire une remarque importante. Ce concept de potentiel va précisément nous aider à mettre en relief l'un des caractères saisissants du langage mathématique, de la théorie mathématique.

Au point de vue algébrique, un potentiel électrique et une température ont la même forme. D'ailleurs, chacun se rappelle que, dans l'enseignement élémentaire de la physique, pour faire saisir le concept de potentiel électrique on compare une chute de potentiel à un abaissement de température ou encore à la diminution de hauteur d'une chute d'eau. Nous touchons là du doigt la tare originelle que porte en soi toute théorie mathématique. A force d'abstraction, l'on a plus devant soi qu'un résidu froid, incolore, inerte, substitué au réel chaud, coloré et vivant.

Il est quelque chose d'inexprimable qui fait la différence entre une chute de potentiel électrique, une chute de température et une chute d'eau.

Nous savons tous, par expérience, que l'on n'est un électricien que lorsque, par une pratique assidue, l'on a acquis l'*intuition* des choses électriques, lorsque l'on sait ausculter véritablement une dynamo, deviner promptement la cause d'un accident.

Plusieurs auteurs ont déjà mis en relief le caractère tout à fait relatif et provisoire de toute théorie dans l'ordre des sciences expérimentales.

Nous avons déjà, récemment, cherché à montrer toutes les causes de l'insuffisance de l'intellectualisme, de la forme logique simple, dans la science même.

D'où la primauté de l'*action* ou « intuition supra-logique » — c'est-à-dire primauté de la *première pulsation qui va provoquer le discours logique sur ce discours lui-même* (1).

Tout cela a été dit suffisamment, et l'objet principal de cette étude est précisément d'insister sur le point de vue opposé.

Si nous tenons pour primordial le point de vue *dynamique,* le point de vue *statique* ne saurait cependant être éliminé purement et simplement de la spéculation.

(1) J'ai connaissance, au dernier moment, de l'admirable commentaire du *Cogito ergo sum* qu'a donné M. Le Roy à la *Société française de Philosophie*, en juin 1904, à propos du beau livre de M. L. Weber : *Idéalisme et Positivisme*, Paris, Alcan. — Je renvoie le lecteur à la lumineuse exposition de M. Le Roy.

Si nous affirmons que le savant est un poète, des hommes moins prompts à l'enthousiasme peuvent nous répondre qu'ils n'ont que faire de nos intuitions incommunicables, incommensurables au discours à l'heure de la création personnelle ou de cette seconde création qu'est l'étude d'une œuvre étrangère.

Assurément, ce qui est parlé, ce qui est commensurable au discours, ce n'est pas *le tout de la science*. Mais tout est fait d'oppositions, de contrastes, et il nous faut insister sur le point de vue opposé : la tendance interne de la science, la *tendance essentielle*, ce sans quoi elle n'existerait pas, c'est le *discours parfait*.

Le but constamment poursuivi avec une énergie, une audace admirables, c'est un langage parfait qui rende communicable le plus possible des vues intuitives et grandioses des précurseurs.

Qu'est-ce donc, par exemple, que le *déterminisme scientifique* (1), sinon une *idée préconçue*

---

(1) Pour la *science*, le déterminisme c'est tout simplement le déterminisme du *sens commun*, régularité d'enchaînement des séries de phénomènes.

Nous revenons plus loin sur l'*aptitude* de la nature au déterminisme.

qui dirige le savant vers le but idéal, plus ou moins conscient, du langage parfait?

Le physicien ou le naturaliste entre dans son laboratoire; quel qu'il soit avant de franchir le seuil, déiste ou panthéiste, quelles que soient ses convictions morales, sitôt entré dans le temple de la science, il est, consciemment ou non, déterministe. En tant que savant, il postule le déterminisme par là même qu'il veut faire œuvre scientifique.

Est-il naturaliste, son déterminisme sera surtout qualitatif, ce sera un *Évolutionnisme*. Est-il physicien, ce sera un *Mathématisme*!

Voici, par exemple, M. Yves Delage (1) qui nous avertit que « s'il existait une hypothèse *scientifique* autre que la descendance, pour expliquer l'origine des espèces, nombre de transformistes abandonneraient leur opinion actuelle comme insuffisamment démontrée ».

Ceci veut dire : notre langage n'est pas excel-

Que l'on ne soit donc pas rebuté par le qualificatif d'idée *préconçue*!

(1) *La Structure du protoplasma et les théories sur l'hérédité*, Paris, Schleicher, cité par P. Vignon dans la *Revue de Philosophie*, 1904.

lent, mais c'est le meilleur que nous ayons pu obtenir ; nous modifierons la forme de nos hypothèses lorsqu'il nous apparaîtra que nous pourrons obtenir par là un langage meilleur.

Le naturaliste, à force d'hypothèses, parvient à créer un déterminisme évolutionniste.

Le physicien, à force d'hypothèses, arrive à un déterminisme mathématique, quantitatif.

Que l'on nous permette d'insister, car il ne faut pas s'y tromper. Lorsque l'on a pu arriver à concevoir, par exemple, un déterminisme de la pesanteur ayant la forme algébrique, l'on n'a pas, pour cela, *au point de vue scientifique,* révélé l'existence et expliqué le rôle d'un *être* nouveau, « la pesanteur ». Le mot pesanteur reste pour le savant le signe qui condense l'histoire d'innombrables observations, rien de plus et rien de moins. Et ce signe n'a pas une valeur absolue, il a une histoire et à chaque époque il résume cette histoire et marque une étape dans l'évolution des connaissances humaines. Un terme abstrait tel que la pesanteur a même plusieurs sens qui dépendent du point de vue à partir duquel l'on a décrit ou jugé ces apparences : la chute des corps.

Et combien est complexe l'élaboration des concepts de la science : l'on *pose*, l'on *analyse*, l'on *construit* de nouveau et l'on *décompose*...

A une époque donnée, les concepts sont décomposés en « atomes rationnels », comme les produits chimiques en corps simples. Et ceci est essentiellement provisoire, relatif, artificiel même, il est facile de s'en convaincre.

Changeons nos conventions de mesure du temps, et la loi astronomique de Newton n'est plus l'inverse carré... L'on pourrait multiplier les exemples.

Redisons-le donc : ces atomes rationnels ne sont essentiellement pour le savant que des signes pratiques, des moyens de parler l'expérience en une langue intellectualiste.

Et telle est la force qui entraîne le savant vers le pur intellectualisme, vers l'association de concepts rationnels, qu'on le voit parfois créant de toutes pièces des concepts très arbitraires, la vibration de l'éther, par exemple.

Par la manière dont on use pour l'introduire, l'éther, pour le savant, ne saurait être autre chose qu'un signe d'une nouvelle sorte, moyen de langage.

Lui demander l'explication de la lumière ce serait revenir à Aristote, dont l'immense génie, malheureusement pour nous, n'a pas résolu tous les problèmes passés, présents et futurs. Aristote croyait expliquer suffisamment *la mobilité* de la bille sur le plan incliné par les concepts du *haut* et du *bas*, tenus pour des *absolus*. Les modernes ont considéré ce mouvement en lui-même, pour lui-même.

En tant que savants, nous ne pouvons attacher aucune importance à la prétendue explication de la pesanteur par le *Haut* et le *Bas*, à la prétendue explication de la lumière ou de l'électricité par l'*Éther* (1).

Certains, justement, ont rempli l'espace tout entier d'éther ; cet éther pénétrerait tout, ses vibrations variées seraient chaleur, lumière... Ses divers états de condensation seraient les divers corps, l'oxygène, le soufre...

(1) Il faudrait être un pur *bêta* pour ne point admirer Aristote. Mais il faut reconnaître que vouloir placer dans la *Science* du *Haut*, du *Bas*, des *Absolus*, des *Causes*, c'est s'encombrer et s'empêcher de marcher.

Les esprits scientifiques en ont tous fait l'expérience par eux-mêmes. *Notre Science* n'est plus *la Science d'Aristote*.

C'est un poème grandiose, c'est un roman de l'infini, mais pour un savant cela ne signifie rien. Où s'arrête donc l'espace ? A-t-il des bornes, l'on aurait donc pour tout l'univers une masse déterminée d'éther ! Est-il sans bornes, l'on aurait une masse infinie !

Tout cela n'a pas de signification scientifique à moins que l'on ne prétende *établir scientifiquement* la thèse ou l'antithèse des antinomies de Kant. Or, une telle prétention classerait de suite aujourd'hui un homme (1).

La science veut un langage parfait pour la représentation des apparences qui surgissent dans le petit coin de l'espace et du temps qu'il nous est permis d'explorer. A-t-elle obtenu cette forme intellectualiste, la science aussitôt se rend compte qu'elle a si bien rempli l'une de ses *fonctions essentielles*, qu'elle est portée à croire son œuvre achevée, qu'elle tend à se croire maîtresse de l'énigme du Cosmos.

(1) Par exemple, l'illustre Renouvier, dans son *Premier Essai de critique générale, prend parti* pour les *thèses*, avec force, avec vigueur. Mais ce n'est pas de la *Science*, et Renouvier n'aurait jamais qualifié sa théorie de *scientifique;* cependant il y *croyait*.

Et ses fictions, telles que l'éther, lui ont rendu un tel service qu'elle en ferait des absolus.

Passons sur les petites difficultés de la théorie dans le champ même des expériences, mais en tout cas, quel aveuglement est celui de ceux qui veulent répondre *scientifiquement* à des questions qui sont d'*un autre ordre,* les questions d'existence absolue, d'origine absolue !

La science est l'*analyse des apparences,* conduisant à une *prévision* pratique des successions de phénomènes ; et les hypothèses sont des moyens de langage scientifique.

Il en est des théories transformistes comme des éthers, et je crois que pour tous ceux qui ont essayé de saisir sur le vif la formation de l'œuvre scientifique, l'évolutionnisme proposé comme explication intégrale de la vie est aussi vide de signification scientifique que le serait l'explication par l'éther de lumière.

Certains vont nous répondre qu'au sujet de l'éther nous avons livré assaut à une citadelle sans défenseurs et que l'école moderne de physique tend à éliminer de semblables hypothèses (1),

(1) Voir l'œuvre entière de M. P. Duhem, dans les

ne prenant appui que sur un double principe : la conservation de l'énergie et la conservation de la matière.

L'énergie d'un corps c'est la capacité du travail, étant donnée sa position au-dessus du sol, sa masse, sa température, son potentiel électrique, son degré de tension s'il est élastique, etc... Et le type du travail c'est l'élévation d'un fardeau suivant la verticale.

Pour beaucoup de physiciens la science générale de la nature c'est l'*Energétique*, description des transformations d'une espèce d'énergie en une autre espèce dans des conditions données.

N'hésitons pas à reconnaître là une conception heureuse de la science, puisque nous aurions par l'*Energétique*, un bon langage mathématique. Nous avons là moins qu'ailleurs de ces hypothèses troublantes et qui peuvent paraître forcées, surajoutées excessives...

Il demeure cependant des hypothèses et dans l'énoncé même du principe fondamental : « L'é-

divers recueils scientifiques et philosophiques. M. Duhem se réclame souvent d'Aristote quoiqu'il en soit fort *éloigné* à bien des égards.

nergie totale d'un système clos est constante »; dans cet énoncé, il y a un concept inattingible, le « système clos ».

Il y aurait bien un système clos, un seul, l'Univers entier, mais que veut dire ce signe. l' « Univers total » ? Rien assurément pour le savant.

Lorsque l'*Energétique* a pris naissance, comme science, vers 1850, ce fut un événement capital. Et il y a là, certes, un moment unique et solonnel dans l'histoire de la science, histoire héroïque des conquêtes dues au génie des uns, à l'effort patient et obscur des autres.

Bien plus encore qu'après la découverte de la théorie ondulatoire de la lumière, l'on sentait que la science avait fait son œuvre propre, ayant obtenu une formule excellente et souple, claire au premier abord.

Mais croire, avec Taine (1), qui était l'écho de la conscience de son temps — que l'on touchait « une dérivée peu distante de la loi suprême de

(1) Comme ceux qui ont suivi le mouvement des sciences expérimentales les cinquante dernières années se sentent *loin* de Taine et de Renan ! J'aurai à y revenir, un jour ou l'autre.

l'Univers », c'était, au point de vue scientifique, une affirmation gratuite et vide de sens. Comment le savant donnerait-il une signification quelconque à ces mots : la masse totale de l'Univers, son énergie totale ?

Ces mots n'auraient de sens qu'en fonction d'une métaphysique pré-établie.

Et alors que valent certaines *vues dites scientifiques* sur l'explication de l'Univers ?

Cymbales retentissantes souvent !

Nous accordera-t-on enfin que la science est un système essentiellement contingent, artificiel, limité ? Il suffit que l'on veuille bien réfléchir à tous les subterfuges proposés pour pouvoir ranger les phénomènes du radium dans les cadres de l'*Energétique*.

Essayons de résumer brièvement les considérations précédentes.

A nos perceptions nous faisons correspondre des notions. D'où un langage descriptif, avec un certain déterminisme embryonnaire, qualitatif.

Pour obtenir un langage rationnel, la raison construit des concepts par une double élaboration analytique et synthétique.

C'est par l'arrangement des concepts que l'on obtient, plus ou moins parfaitement, des déterminismes plus ou moins qualitatifs, plus ou moins quantitatifs.

D'où un discours plus ou moins parfait.

Le langage d'aspect clair et rigoureux est si bien l'une des ambitions essentielles du savant, qu'on le voit, en tant que savant, *poser* sans hésitation des hypothèses extraordinairement hardies, *simplifier* instinctivement les questions en éliminant tel facteur, tenu pour secondaire, en posant pour constant tel rapport qui varie peu..., en faisant un choix, un triage dans le *donné*.

La *tendance interne essentielle de la science*, la tendance nécessaire, inhérente à sa nature, c'est *le discours parfait*. Le déterminisme est postulé comme moyen de discours parfait.

Si l'on y réfléchit bien, on reconnaît cette tendance, inconsciente peut-être, implicite pourrait-on dire, dans les appréciations portées sur le *radium*.

Il n'existe, à l'état isolé, que quelques grammes de radium. Sur cette faible masse l'on n'a fait encore que des observations et des expériences peu nombreuses.

Or, tandis que toutes les machines connues ne font que modifier la forme d'une quantité d'énergie, sans accroître cette quantité, tout porte à croire que le radium donne de la chaleur sans que sa température diminue.

Ceci est contraire à *une formule jugée capitale* dans le *langage scientifique, sans une hésitation, l'on a maintenu la formule par l'indroduction d'une hypothèse* — ou, plutôt, l'on a proposé plusieurs hypothèses (1) dont aucune n'est susceptible, de longtemps, d'être rendue plus vraisemblable. Et par « plus vraisemblable » nous ne voulons pas dire « adéquate à la réalité », mais seulement « apte à entrer dans un déterminisme à mailles plus serrées, apte à donner lieu à un langage moins arbitraire ».

Nous sommes revenu, après un bien long détour, à ce *mystérieux radium !* Ce long détour était nécessaire pour constater une tendance interne profonde, essentielle, primordiale, de la science. Et nous avons pris sur le vif l'expression de cette

(1) J'ai simplifié à outrance l'expression des hypothèses. — Voir l'excellent petit livre de M. P. Besson : *Le Radium et la radioactivité*, chez Gauthier-Villars, 1904.

tendance certaine mais sourde, peut-être, si inconsciente souvent !

Le discours parfait demandé par la science rationnelle est donc subordonné à des fins pratiques : *Re-créer pour soi l'Univers*, et *capter les choses*.

Mais ce langage ne transforme pas le Cosmos en un bloc de cristal transparent.

Je crois que tous les esprits scientifiques de notre époque, tous ceux qu'a torturés la soif de savoir et de comprendre, en arrivent à se reconnaître eux-mêmes dans cette pensée de M. Bergson (1) : « La science repose sur des idées qu'*on finit par trouver claires* ; mais ces idées ne sont *éclairées progressivement* par l'*usage* qu'on en a fait ».

Cela est certain dans les mathématiques elles-mêmes, bien plus encore dans les sciences physiques. Soit le radium, par exemple, et supposons — cela n'est pas impossible — que dans dix ans l'on n'ait en rien avancé sa théorie mais qu'il

---

(1) *Revue de Métaphysique*, janvier 1903. Paris, COLIN. Nous citerons souvent cette *admirable* étude en disant simplement : H. BERGSON.

soit devenu assez abondant et qu'il ait été très souvent *manié*. L'on *croira comprendre* son action, comme l'on croit comprendre aujourd'hui l'effet de la pesanteur !

L'on va nous traiter de sceptique et d'inconoclaste, de négateur du pouvoir de la raison.

Non point !

Il nous apparaît incontestable que ces deux grandes formes de la théorie scientifique : l'*évolutionnisme*, le *mathématisme*, sont essentiellement des langages doués d'une merveilleuse puissance de coordination et d'évocation, — moyens d'investigation des choses de la nature, moyens de raconter à soi-même et aux autres la vie des phénomènes — langages dont la clarté est faite surtout d'efficacité pratique et de facilité de maniement.

Est-ce là ruiner la Science ? Non pas ! Une expérience de trois siècles a montré que la *Science se suffit à elle-même pratiquement*, c'est-à-dire que, pour naître, prendre essor et se développer, elle n'a que faire d'une *métaphysique dogmatique*, « spéculation *a priori* sur les principes comme condition de la science (1) ».

(1) *Société française de Philosophie*, janvier 1903, Paris,

Ceci est hors de doute pour la conscience scientifique contemporaine ; c'est chose acquise définitivement. La science ne postule qu'un minimum de philosophie, d'une philosophie très courte, *de sens commun*, et sur laquelle tout le monde s'entend pratiquement.

La science, pour les modernes, est un langage qui raconte l'expérience et ne prétend aucunement atteindre au delà du cercle des expériences possibles.

Elle s'interdit toute question d'origine absolue et de fin.

Elle se limite volontairement à ce sur quoi tous les savants peuvent arriver à s'entendre, au moins pratiquement.

Mais « l'existence même de la science pose au philosophe des problèmes qui l'amènent à spéculer sur des choses qui dépassent l'expérience et le raisonnement expérimental (1) ».

La science est possible, puisqu'elle existe *comment est-elle possible ?*

COLIN. Belle discussion de M. E. Boutroux. Je citerai en disant : E. Boutroux.

(1) E. BOUTROUX.

Y a-t-il quelque chose stable, un *être*, derrière le *phénomène* ?

Qu'est donc la nature propre et la fin de cet *esprit* qui prend conscience des choses ?

Voilà de quelle manière *la métaphysique* se présente aux modernes après qu'ils ont constitué *une physique*.

Et ce sont bien, assurément, toujours *les mêmes éternelles questions* qui se posent, mais elles se posent *dans un ordre inverse pour les anciens et pour les modernes*, et par là même elles se posent autrement !

C'est ainsi qu'ayant d'abord exposé l'attitude, la méthode du savant, nous avons, par là même, délimité le champ d'action de la science. Et alors, on le voit bien, ces restrictions mêmes que les modernes ont unanimement imposées à l'idée de science — et cela pratiquement sans principes *a priori* — ces restrictions mêmes, après l'œuvre *scientifique*, posent une autre tâche à remplir, *philosophique* et *métaphysique*.

On l'aura remarqué, certainement, dans les considérations qui précèdent, en parlant « du savant », nous avons toujours ajouté : « en tant que savant » ou « du point de vue scientifique ».

Et c'est qu'il est bien permis au « savant » de parler aussi « en tant que philosophe » ou de point de vue philosophique », et même il se mutilerait s'il croyait devoir se l'interdire.

Mais, pour la conscience moderne, *Science* et *Philosophie* ne sont pas une même chose, ne doivent pas être confondues. Montrez-nous la frontière ? me répondra-t-on.

Il n'est pas question de cela, et ceux qui voudraient poser ainsi la question sont ceux qui n'ont pas su entrer dans le mouvement de la pensée moderne, qui n'ont pas suivi l'évolution des sciences depuis Galilée et Léonard de Vinci jusqu'à nos jours.

Pour ceux qui ont revécu cette histoire en *penseurs* et non pas simplement en *techniciens*, point n'est besoin d'avoir pâli sur les livres de Descartes, Leibniz, Kant, pour sentir que les sciences ont une autonomie pratique, que la Métaphysique *suppose* la Science (1) et que Science et Métaphysique sont non pas *une même science* s'appliquant

(1) E. Boutroux.

à reconnaître des régions distinctes de la nature, mais de *deux points de vue* différents sur les choses, deux modes distincts d'information, deux méthodes ou *deux attitudes nettement différentes*.

Il est bien des savants contemporains, il faut le dire, qui ont fait de la philosophie à peu de frais.

L'un, habitué, en tant que savant, au mathématisme, dira, en tant que philosophe : les choses sont nombres, répétant ainsi les géomètres-philosophes de la Grèce.

Ce faisant, il étend simplement à tout l'espace et à toute la durée l'application de ses concepts de savant, faisant tout bonnement des absolus avec des signes tout relatifs, partiels, fragmentaires, limités par le fait même du point de vue spécial qui leur a donné naissance.

L'autre, ayant glorieusement attaché son nom à des synthèses chimiques surprenantes et géniales, finit par croire qu'il sait ce qu'est *la matière*, il en fait un absolu et pose l'Univers comme étant un vaste échafaudage de synthèses chimiques.

Un troisième doit à une interprétation habile et vigoureuse d'une théorie transformiste de sublimes découvertes de faits et de théories. Ayant pris l'habitude de relier tout fait à un antécédent qui paraisse le conditionner, la tentation est forte pour ce naturaliste de reculer à l'infini, dans le temps, les séries de séquences et de faire des symboles évolutionnistes, signes plus ou moins hypothétiques qu'il emploie constamment, des explications absolues.

Toujours même démarche. Un *tel effort* a été fait pour forger des concepts, pour en faire un habile usage, que l'*on est pris dans sa méthode*, comme Narcisse fut pris dans l'onde où il se mirait.

Pour l'un, l'univers serait l'apparence sensible d'une loi algébrique s'exprimant éternellement.

Pour l'autre, il serait le rythme harmonieux d'énergies supérieures se dégradant en énergie calorifique inférieure. Ou encore, l'univers serait le siège, le lieu d'une infinie évolution d'êtres inférieurs vers des êtres supérieurs.

En définitive, lorsque, négligeant l'étude philosophique des *antinomies* qui se dressent inéluctables, imposantes, l'on ne fait qu'*étendre une loi* hors du cercle de l'expérience et attribuer une *valeur absolue* à un signe *tout provisoire et relatif*, symbole d'apparences systématiquement morcelées ; en vérité l'on peut dire que *l'on a fait de la métaphysique à bon marché. Mais pourquoi s'imposerait-on donc de toujours regarder les choses du point de vue de la science?* Expliquons-nous. Ceux qui, comme M. Bergson, sont bien entrés dans le personnage du savant, ont su discerner dans son œuvre cette tendance essentielle vers le langage analytique, « expression d'une chose en fonction de ce qui n'est pas elle ».

Si la science « tourne autour des choses » (1), la philosophie, au contraire, doit « entrer en elles », et cela par l'*intuition* ou « *sympathie intellectuelle* » !

Il y a donc bien des chances pour que nous ayons édifié une philosophie étroite et mesquine, si nous avons simplement pris la peine de postuler un agrandissement illimité du champ d'application d'une loi, et si nous avons posé en fonde-

(1) H. Bergson.

ment absolu un signe d'origine toute relative et subordonnée à un point de vue spécial.

Pour qui a profondément réfléchi sur l'orientation générale de la démarche scientifique, il apparaît qu'elle est une démarche tout à fait particulière et bien caractérisée. Etre « scientifique », c'est si bien regarder, ausculter les choses en se plaçant à un certain point de vue que l'on reconnaîtra facilement ceci : le progrès scientifique a souvent été dû à un simple changement de point de vue (1).

Que de génie ne faut-il pas pour cela ! L'on avait passé des années entières à user d'une certaine méthode, de certains concepts. Un pli profond était fait. Quel effort magnifique pour se libérer, mais aussi quelle délivrance !

Toute théorie scientifique est un ensemble de croquis, de schémas dessinés de droite, de gauche, de près, de loin, de haut, de bas... tel trait étant systématiquement renforcé et tel autre estompé... Mais l'on n'a pas ainsi épuisé son pouvoir. Ce travail est si particulier que chacun

---

(1) C'est vrai même dans les *Mathématiques pures*, et cela mériterait même toute une étude spéciale.

se sentira bien le droit — et même le devoir — par delà l'attitude scientifique, *analytique*, d'adopter l'attitude philosophique, *synthétique*.

Les deux positions en face des choses ne s'excluent pas, la seconde est le complément de la première, pour qui veut être une âme entière, pour qui veut faire pleinement son métier d'homme.

Avec M. Bergson, nous ne saurions aucunement admettre une métaphysique « constituée avec des concepts que nous possédions avant elle... et artificielle comme toutes les œuvres de pur entendement ».

Philosopher sera un effort de dilatation du « moi », un « effort toujours renouvelé pour transcender nos idées actuelles et peut-être aussi notre logique simple ». Ce sera *cela* ou ce sera *un rien*, une banalité, un amusement, et un trompe-l'œil !

Et c'est ainsi, disons-le en passant, qu'il n'est pas rare de voir un savant écrire une philosophie de valeur nulle.

Il ne suffit pas d'avoir créé ou manié génialement des concepts scientifiques pour être, par là même, un philosophe. Il pourra même arriver que, fatigué par l'ouvrage scientifique, l'on n'ait plus la vigueur et la souplesse nécessaire pour philosopher, puisqu'il faudrait, après avoir exprimé une apparence du dehors, en fonction de mille autres apparences, l'exprimer enfin en fonction d'elle-même et d'elle seule.

De même que le fait du progrès scientifique par changement de point de vue nous a autorisé, ce semble, à considérer la science comme « un point de vue », de même j'oserais dire que ce fait tangible de l'insuffisance philosophique notoire de certains savants nous autorise bien à séparer nettement le « point de vue *philosophie* » du « point de vue *science* ».

Nous reconnaîtrons le philosophe véritable à son pouvoir de libération hors du langage *banal* de sens commun, hors du superbe mais *artificiel* langage de la science.

« Philosopher, dit encore M. Bergson, consiste précisément à se placer, par un effort d'intuition, à l'intérieur de cette réalité concrète sur laquelle la critique vient prendre du dehors les deux points de vue opposés, *thèse* et *antithèse* ».

Quelle libération, quelle délivrance, mais aussi quel effort! Combien vrai le mot de M. Bergson inscrit en tête de cette étude!

Le problème philosophique se pose bien, certes, et il est différent du problème scientifique puisque l'on peut aller jusqu'à dire que science et pilosophie correspondent à deux points de vue, deux méthodes, deux démarches opposées, contraires.

La philosophie doit *transcender* les concepts scientifiques, se servant des systèmes scientifiques pour les dépasser, les dominer d'infiniment haut.

Donnons aussitôt un exemple (1).

Il ne s'agit point, ici, de démontrer, *more geometrico*, des thèses de M. Bergson, ni d'exprimer en une langue parfaitement claire, des idées. Celui qui me ferait cette demande ne serait pas du tout inséré dans le flux de vie dans lequel on lui demande de se mouvoir.

Il n'est pas question de *comprendre* un lan-

(1) M. G. Cantecor, dans la *Revue philosophique*, Paris, Alcan, en 1903, a combattu la *Philosophie nouvelle*. Mais il ne l'a pas saisie puisqu'il parle du *concept de l'intuition* !

gage à caractère scientifique, mais de *s'essayer à retrouver en soi-même les intuitions* que l'on va s'efforcer de dépeindre.

Reprenons le principe de la conservation de l'énergie.

Nous avons dit à quel degré il est *intangible* au point de vue *scientifique*. Mais, d'autre part, le *sens commun*, dans l'expérience quotidienne, attribue à chacun, en général, un certain degré de responsabilité de ses actions propres.

Nous appelons déterminisme l'invariabilité des séquences des phénomènes, une coordination bien liée des phénomènes successifs, une régularité constante des événements, et le sens commun n'admet dans aucune société humaine, le déterminisme absolu. Le sens commun admet l'existence, dans chaque homme, d'une dose de *liberté morale*, d'une dose d'influence sur les liaisons des séquences de certains phénomènes. Si alors, frappé de la *puissance* de la *réussite* de la science, l'on n'ose pas, quelqu'envie secrète que l'on ait, nier le principe de la conservation de l'énergie, et si l'on veut conserver la foi en la liberté, que va-t-on faire?

Que de réponses diverses, que de tentatives de *conciliation !* Il y en eut de bien subtiles, il y en eut de bien faibles...

D'abord, si l'on pose que l'énergie d'un acte volontaire est identique absolument à une énergie mécanique, l'on *mutile* la science, si l'on *accepte la liberté* et si l'on *respecte* la science, l'on *sacrifie sa conviction morale.*

Il n'y a pas d'issue pour ceux qui ont foi en la science et dont la philosophie n'est qu'un prolongement de la science.

Mais, il faut bien le redire, la science est un point de vue tout spécial ; la conservation de l'énergie, pour le savant, est plutôt postulée que prouvée en ce qu'elle est imposée par la nécessité du discours parfait, et que, effectivement, pour plier les apparences à cette loi, l'on n'a pas besoin, en général, d'hypothèses trop nombreuses et embarrassantes. Et, nous l'avons vu, les difficultés les plus pressantes s'opposent à la transformation du principe scientifique particulier en principe philosophique absolu (1).

(1) Il faudrait d'abord construire toute une Métaphysique dans ce sens !

Changeons donc de point de vue, avec M. Bergson, efforçons-nous de retrouver, au fond de nous, ses vives et profondes intuitions.

Du dedans, par l'intuition, nous saisissons une *réalité*, notre écoulement dans le temps, le « moi qui dure ». Nous avons l'intuition simple de la *durée* qui est mobilité, extension, tension, mais « mobilité dégagée de l'espace qui sous-tend le mouvement ». Or, une étude psychologique très forte nous amène à *poser* que la durée *une fois écoulée* peut être divisée en morceaux juxtaposés comme les centimètres d'un mètre-étalon, mais non la *durée même* qui *n'est pas représentable par une image spatiale.*

Le *souvenir figé de la durée* c'est le *temps*, homogène, à représentation spatiale, le temps de la science et du sens commun.

L'acte libre est, pour M. Bergson, l'acte dont la durée réelle, vécue, correspondrait à une contraction du temps scientifique.

Le déterminisme scientifique use du concept *temps*. Ce concept, transcendé, devient la *durée*, non représentable par de l'espace, *inapte* radicalement à entrer dans le *déterminisme scientifique quantitatif*.

Le déterminisme demeure, dans la science, la science n'est pas sacrifiée et la liberté morale demeure aussi.

La réponse n'est peut-être pas définitive (1), mais c'est dans cette voie que l'on doit la chercher, car les anciennes *conciliations* sont impossibles, vicieuses dans leur principe, si l'on songe bien que d'*un même point de vue* l'on ne conciliera jamais *thèse* et *antithèse*.

J'ajouterai qu'il me semble que seul, à cette heure, ce point de vue permet de donner une signification véritablement philosophique aux mots *matière* et *esprit*.

La science, pour la *matière*, s'en tient à la définition vague du sens commun. Du point de vue philosophique l'on pourrait parler ainsi.

Le cours régulier des astres autour de l'axe du monde (tenu pour immobile) est pris pour *type parfait* de durée morte, inerte, figée (de durée qui n'est plus celle du moi), c'est-à-dire de répé-

(1) Rien n'est définitivement achevé, en philosophie, et chacun a tout à refaire pour son compte. L'on ne *pense* pas « par procuration ».

tition, de *déterminisme simple*. Il définit en même temps, pour la science, et le *temps* et le *mouvement uniforme*.

Nous dirions volontiers : *telle chose* est d'autant plus *matière* qu'elle est *plus apte* à entrer dans un déterminisme quantitatif voisin du déterminisme-type précédent ; elle est d'autant plus *esprit* qu'elle y est *moins apte*.

Il peut paraître bien singulier à ceux qui ont pris le pli du sens commun ou le pli scientifique que nous jugions ainsi *la matière* du point de vue de *la liberté de l'esprit* et que, respectant la science, trois fois sainte et sacrée, nous ne craignons pas, du point de vue philosophique, de juger le *déterminisme scientifique* en fonction de la *liberté morale !*

Mais que le sens commun, que la science (telle que l'entendent les modernes), nous définissent donc bien la matière !

Que l'on essaie donc ! La science, à cette heure, n'a d'autre définition de la matière que celle du sens commun, et le sens commun, à une époque donnée, résidu des vues générales du passé, est court, vague, banal.

Nous aurons bien, nous l'espérons, rassuré ceux qui craignaient que le *radium* vînt leur ravir leur *liberté morale*. Il y avait un peu de naïveté dans leur cas et une ignorance totale, une incompréhension radicale de la conscience scientifique moderne !

La science veut le discours parfait.

La métaphysique veut l'intuition vivante.

La science marche vers le concept, la philosophie ne se sert du concept que pour l'abandonner en le transcendant.

Mais, bien entendu, il est question ici *du caractère dominant*, essentiel, non pas *du tout* de la science ni de la philosophie. La réalité est toujours plus riche que tout ce que nous pouvons dire d'elle.

Le concept a une histoire, c'est une histoire, et le signe qui lui correspond c'est un cadavre, c'est cette histoire momifiée. Il faudra bien que, par des intuitions, le savant lui rende la vie.

Inversement, l'intuition philosophique incommensurable au discours cherche des concepts pour se répandre, se communiquer.

Nous ne sommes donc aucunement exclusif.

Les systèmes philosophiques ont besoin du concept, mais un système philosophique bien parlé, bien conforme à la logique rectiligne n'est rien et il peut être un *obstacle* si on ne le considère pas un peu comme ces théories scientifiques que le vrai philosophe doit toujours s'efforcer de dépasser, de transcender par une attitude essentiellement différente de l'attitude scientifique.

Mais, ayant fait sa part à l'intuition dans la science, et au concept dans la philosophie, redisons-le encore :

La science s'oriente vers le concept, vers le déterminisme — la métaphysique s'oriente vers l'intuition vivante et vers la liberté.

Il faudrait ajouter que la science tend à éparpiller le *moi* sur *les choses* et que la métaphysique, au contraire, est la prise de possession, la conquête du *moi* — que le regard du savant sur l'Univers est une contemplation, tournée vers le dehors, tandis que le regard du métaphysicien est plus soucieux, plus inquiet, et tourné vers le dedans.

D'où le *conflit*, éternel, mais certes non pas irréductible, qu'à tous les âges chaque homme aura à *apaiser*, pour son propre compte, par un héroïque et constant effort d'*unification* de sa vie intérieure, de domination sur ses diverses attitudes (1).

CHAPITRE II

ÉCLAIRCISSEMENTS. — LES PHILOSOPHIES DE LA LIBERTÉ

Dans les pages précédentes nous avons opposé la Philosophie à la Science.

Nous avons cherché à montrer que toute science est, non pas tant une *chose* qu'un *progrès* dans un certain sens, une méthode très caractérisée, postulant le déterminisme plutôt qu'elle ne le prouve. Nous avons tenté de faire apercevoir la vanité de toute philosophie qui n'est qu'un

---

(1) Il est bien entendu que le *radium* a été, pour moi, un *prétexte*, ou une occasion de confronter Science et Philosophie. — J'aurais pu poser mes thèses en partant de tout autre phénomène, par exemple de la *rotation de la Terre*, dont je dis un mot, plus loin — ou encore des actions et *réactions des corps sur l'éther* dont on a tant parlé récemment...

prolongement, dans le temps et dans l'espace des concepts de la science. Une telle philosophie ne se tient pas debout, à moins que l'on ne prenne soin, avant de la construire, de prendre parti pour les thèses ou les antithèses des antinomies kantiennes — ce qui ne saurait être « de la science » au sens moderne de ce mot.

Nous prévoyons que l'on va nous dire aussitôt : qu'est donc « la science moderne » — qu'est-ce que « la conscience scientifique moderne ? » Définissez-nous cela !

Cette question n'est pas pour nous troubler et nous répondrons simplement : scrutez, fouillez la psychologie des savants — suivez la continuité historique du développement des sciences depuis Copernic et Galilée.

La définition de « la Science » *suit* « la Science » et ne saurait la *précéder*.

L'esprit scientifique c'est l'attitude des bons savants, de ceux dont l'œuvre s'insère bien dans la vie scientifique de l'Humanité. Que ceux qui n'ont aucune expérience de vie scientifique sachent donc bien qu'ils n'auront jamais la moindre idée juste touchant la science. Tous ceux, au contraire, qui, sans être de grands initiateurs, ont revécu l'histoire d'une seule branche de la science depuis l'époque de la Renaissance, — ceux-là ont acquis l'intuition profonde de ce qu'est l'esprit scientifique moderne. Ils savent bien que la science moderne, si éclatante, si triomphante, s'est constituée précisément en se débarrassant d'une métaphysique dogmatique, d'une recherche des causes qui eût radicalement arrêté son essor, qui lui eût véritablement arraché ses ailes, qui eût ralenti son vol...

Mais la pensée moderne, dans ce qu'elle a de meilleur, de plus profond, ne pouvait s'en tenir ainsi à une sorte de négation.

La Science étant autonome, pratiquement, la science ne réquérant qu'un minimum de philosophie très courte, très banale — l'attitude du savant étant bien caractérisée — par la même il devient certain que la science n'est pas *tout*, que l'attitude scientifique n'est pas *la seule* possible et légitime.

La Philosophie se présente ainsi comme étant encore non pas tant une autre *chose*, mais un autre *progrès* dans une autre direction.

Science et Philosophie ne sont point du même

ordre. La Science et la Philosophie se trouvent en présence d'un même Univers, mais elles le regardent en se plaçant à des points de vue différents. Aussi bien a-t-on fait de bien mauvaises philosophies quand on a strictement voulu conserver l'attitude du savant.

Pour nous faire bien entendre nous avons pris un exemple, le Problème de la Liberté. Et, en définitive, si la Science est toute artificielle et relative, montrant dans la nature non point, certes, le Déterminisme absolu, mais seulement une certaine aptitude à un Déterminisme approximatif, souple, à mailles peu serrées...

... Si la Science est bien cela, peut-on, *de par la Science*, nier complètement la liberté morale ?

Nous pensons très fortement, avec M. Bergson, que « le prétendu déterminisme *physique* se réduit, au fond, à un déterminisme *psychologique*. » Nous sommes en présence « d'une assimilation arbitraire de deux conceptions de la *durée* (1)... » Nous sommes en présence de l'attitude scientifique voulant s'imposer brutalement, de façon absolue et simpliste.

(1) H. BERGSON.— *Données immédiates de la Conscience*, Paris, Alcan, p. 119.

Mais démontrons un peu les rouages de la machine scientifique, que voyons-nous ?

Le déterminisme physique pose que l'espace est isotrope et que le temps est homogène.

Mais les naturalistes ont signalé que certains animaux s'orientent d'une manière très nette, c'est-à-dire que *deux directions* concrètes diffèrent *qualitativement* et pas seulement *numériquement*, comme en Géométrie.

L'attitude scientifique nous a fait « décolorer » l'espace où, en fait, chaque direction a sa nuance, sa qualité propre.

Il semble presque que l'attitude scientifique a appauvri l'espace réel. Elle a fait de même avec la durée réelle.

« Quand les oscillations régulières du balancier nous invitent au sommeil, dit M. Bergson (1), est-ce *le dernier* son entendu, le dernier mouvement perçu qui produit cet effet ? Non, sans doute, car on ne comprendrait pas pourquoi *le premier* n'eût pas agi de même.

... Il faut donc admettre que les sons se *composaient* entre eux, et agissaient, non pas par leur

(1) *Données immédiates...*, p. 79.

quantité en tant que quantité, mais par la qualité que leur quantité présentait, c'est-à-dire par l'*organisation rythmique de leur ensemble*... La vraie durée, celle que la conscience perçoit, n'est pas une quantité, et dès qu'on essaie de la mesurer, on lui substitue inconsciemment de l'espace...

Quand je suis des yeux, sur le cadran d'une holorge, le mouvement de l'aiguille, je ne mesure pas de la durée — je me borne à compter des simultanéités, ce qui est bien différent...

En dehors de moi, dans l'espace, il n'y a jamais qu'une position unique de l'aiguille, car des positions passées il ne reste rien. *Au dedans de moi*, un processus d'organisation ou de pénétration mutuelle des faits de conscience se poursuit, qui constitue la DURÉE VRAIE. »

Voici donc la position véritable du problème de la liberté, aussi méconnue, souvent, des défenseurs et des adversaires :

Le moi dure, d'une durée non homogène, jalonnant son devenir d'affirmations : « Cogito ergo sum » — jalonnant son devenir d'actes « qui émanent de la personnalité entière, qui l'expriment, cette personnalité, qui ont avec elle cette indéfinissable ressemblance qu'on trouve parfois entre l'œuvre et l'artiste (1). » Ce sont les actes *libres*.

L'homme qui a véritablement une vie intérieure prend fortement conscience, par l'intuition, de sa durée qui est un gain, un enrichissement par opposition au temps scientifique qui est de la durée sans enrichissement, de la durée inerte, répétition pure.

La durée du moi n'est plus le déroulement monotone d'un ruban, c'est la tension d'un ressort qui se bande plus ou moins. Pas de représentation spatiale possible.

L'acte libre n'est point le choix entre deux chemins, à l'endroit d'une bifurcation — et c'est cette image spatiale du sens commun qui met adversaires et défenseurs de la liberté dans une position également mauvaise :

« Hercule, fatigué de sa tâche éternelle
S'assit un jour, dit-on, entre un double chemin ;
Il vit la Volupté qui lui tendait la main,
Il suivit la Vertu qui lui sembla plus belle. »

Chacun se rappelle les vers de Musset.

Il n'est pas de plus mauvaise image, au point

(1) *Données immédiates...*, p. 131.

de vue philosophique. M. Bergsen l'a montré avec une profondeur, une force, une finesse incomparables !

Son originalité profonde a été d'opposer la durée vécue au temps inerte de la Science et du sens commun. En cela il a vivement réagi contre Kant. Mais n'oublions pas, cependant, que Kant a été le précurseur des philosophes de la liberté, MM. Boutroux, Bergson...

Ne craignons donc pas d'abandonner le point de vue de ceux qui voulaient édifier le *moi* avec du non-moi, la *liberté* avec du déterminisme, l'*esprit* avec de la matière...

C'est, au point de vue philosophique, l'esprit qui institue la matière, la liberté de l'esprit qui fonde le déterminisme scientifique.

Et ainsi le déterminisme philosophique est sans fondement s'il veut prendre pour base unique le déterminisme scientifique (1) !

---

(1) E. Boutroux. — *De la Contingence des Lois de la Nature*. (Alcan).
H. Bergson. — *Données immédiates de la Conscience. Matière et Mémoire.* (Alcan).
Armand Sabatier.— *La Philosophie de l'Effort.* (Alcan).
E. le Roy, J. Wilbois. — Travaux insérés dans la *Revue de Métaphysique.* (Colin) de 1898 à 1904.

CHAPITRE III

LA SPÉCULATION PHILOSOPHIQUE ET LA PENSÉE RELIGIEUSE

De ce que la Science et la Philosophie demandent impérieusement des positions, des attitudes non identiques, il résulte que le conflit est irréductible pour ceux qui veulent adopter exclusivement un point de vue, une méthode, et rejeter systématiquement l'autre.

Mais n'est-ce point se mutiler, ou, au moins se diminuer, que se faire l'homme d'une seule méthode.

Ne pourrait-on, dépassant la logique simple et simpliste, adopter successivement des orientations diverses ? Cela paraît, non seulement permis, mais même indispensable.

N'est-il pas vrai, en effet, qu'en tout, une méthode unique poussée à l'extrême, à ses ultimes effets, conduit à de l'incompréhensible radicalement ? Et n'est-ce pas là comme la face intellectuelle du dogme de la chute originelle ?

Je puis bien parler avec précision de l'énergie

d'un système chimique, dans mon laboratoire ; mais si je veux, de proche en proche, arriver à parler de l'énergie de l'Univers, ma raison se trouble, je suis ébloui, je suis au bord d'un abîme et je fais jaillir de ma bouche des mots qui sont des « sons » et rien de plus.

Je puis bien parler avec précision du déterminisme astronomique du système solaire ; mais si je veux, de proche en proche, voir l'Univers total au point de vue du déterminisme, j'arrive au déterminisme absolu, c'est-à-dire à l'idéalisme absolu...

Toute une face de l'Univers s'évanouit !

Si l'on essaie de poursuivre jusqu'à ses extrêmes conséquences une voie exclusive d'exploration de soi ou des choses, l'on est acculé, à un moment donné, et force est bien de renoncer à l'attitude simpliste. L'on ne reconstruit guère ni soi ni le monde ni une évolution, *une vie religieuse*, avec un enchaînement serré de raisonnements car, ce faisant, l'on s'aperçoit vite intuitivement que l'on a laissé échapper plus de réalité que l'on n'en a capté.

Et si l'on a ainsi, maintefois, fait l'expérience de l'erreur provenant d'un exclusivisme et d'un simplisme absolu, l'on n'hésitera plus, par exemple, à se dire déterministe, en tant que savant, et indéterministe en tant que philosophe.

Et cela n'implique pas de conflit si l'on veut bien prendre une position analogue à celle dont nous avons parlé dans les pages précédentes.

Le conflit Science-Philosophie est bien près d'être résolu, si l'on se place au point de vue de l'Intuition vivante s'orientant dans des voies diverses, ou plutôt prenant divers degrés de tension.

C'est en abandonnant la Logique formelle et en recourant à un jugement intuitif que nous pouvons concilier le Déterminisme scientifique avec l'Indéterminisme philosophique, et cela en situant l'un par rapport à l'autre deux points de vue, deux modes d'exploration — et les subordonnant l'un à l'autre : c'est l'essence même d'une philosophie de la liberté que de poser cette subordination !

D'ailleurs, ces jugements intuitifs ne les retrouvons-nous pas partout ?

On a voulu prouver *rationnellement* que chaque homme est mortel, par le syllogisme bien connu :

> Tout homme est mortel,
> Or Pierre est homme,
> Donc Pierre est mortel.

Au fond de cette prétendue démonstration qu'y a-t-il ?

Il y a que l'observation de sens commun, et l'analyse scientifique me portent à croire que tous nous mourrons.

Peu à peu, en tant que philosophe, je me convaincs intuitivement que ma mort future est la seule issue vraisemblable.

J'étends cette certitude intuitive à tous les hommes, en postulant une certaine ressemblance entre eux. Au fond, en tant que philosophe l'on s'aperçoit vite que les prétentions superbes du syllogisme ne sont point fondées. Car si nous savions rationnellement ce qu'est un « homme » en général, et qu'il doit mourir, cela comprendrait implicitement que « Pierre est mortel », et il serait bien inutile de le répéter. Et comme nous ne savons de l' « homme » que ce que nous savons de nous-même, il reste là-dedans l'*intuition* que moi, qui parle, je mourrai et voilà tout.

Beaucoup de démonstrations se disant rationnelles sont dans le même cas : par exemple encore la preuve de la rotation de la Terre.

Il y a la fameuse expérience du pendule de Foucault, pour laquelle la rotation est l'hypothèse explicative la plus simple...

Il y a l'étude géodésique des courbures, sur le sol, dont les résultats seraient bien expliqués par l'hypothèse de la rotation — si l'on admet en même temps la fluidité primitive du globe...

Bref au point de vue scientifique, l'assemblage des hypothèses explicatives des faits est le plus simple, le plus harmonieux, si l'on pose que la Terre tourne autour du Soleil. Le langage mathématique devient aussi plus facile avec ce postulat.

La Science requérant essentiellement le langage parfait, le postulat est bien fondé, scientifiquement.

Pour la Science, *le seul vraisemblable* c'est le mouvement du système solaire autour du Soleil — plus ou moins fixe, lui-même.

Le sens commun a, peu à peu, acquis l'intuition de ce mouvement *relatif*.

Mais si l'on veut pousser à fond la question, dans l'absolu, elle finit par s'évanouir, par perdre tout sens. Et, en effet, il faudrait concevoir l'existence, dans l'immensité de l'espace, de *repères absolument fixes*, pour que l'on pût parler de *mouvement absolu*...

En pressant à fond notre théorie nous aboutissons à l'incompréhensible radicalement.

Nous avons donc insisté sur les dangers auxquels s'expose le philosophe qui veut simplement « prolonger » la Science — sur les difficultés que rencontre un philosophe pour « transcender » la Science.

Une Cosmogonie, un Evolutionnisme, un Déterminisme, qui voudront être philosophiques, devront différer des simples vues cosmogoniques, transformistes et déterministes de la Science.

Ayant ainsi examiné brièvement la position de la Philosophie en face de la Science, j'examinerai les situations respectives de la Philosophie et de la Science en face de la Pensée religieuse.

Je serai extrêmement bref, à cause de mon *insuffisance* que je tiens à proclamer, très sincèrement; mais je veux simplement indiquer quelques aperçus, dans l'ordre des réflexions précédentes...

Et d'abord saurait-il exister un conflit quelconque entre la Science et la Religion ?

La question ne se pose même pas pour ceux qui adhèrent à la conception de la Science que nous avons exposée ici.

Si l'on parle, incidemment, dans les Livres sacrés, de Cosmogonie ou de Géologie... il est devenu banal, aujourd'hui, de dire que les Auteurs sacrés n'ont point prétendu nous donner « une science » mais bien qu'ils ont donné — en parlant, naturellement, le langage scientifique de leur temps — un enseignement purement *moral* et *religieux*.

Par exemple, il est enfantin de chercher des coïncidences comme d'ailleurs des contradictions, entre la Géologie et le récit de la Genèse ; celui-ci n'a eu qu'un but, *affirmer le monothéisme* contre le panthéisme absolu ou contre le matérialisme.

La religion chrétienne pose essentiellement un Dogmatisme moral et religieux, et non point un Dogmatisme scientifique et rationnel.

Science et Religion ne sont en rien du même ordre. Le conflit ne saurait exister.

Par contre, il n'en va plus tout-à-fait de même pour la Philosophie et la Religion.

Le dogme chrétien, par exemple, affirme essentiellement : « Dieu personnel et créateur ».

Assurément ceci exclut une Philosophie absolument panthéiste ou absolument matérialiste...

Mais le Dogmatisme moral de l'Eglise se peut fort bien concilier avec toute Philosophie qui n'appelle pas Dieu, soit la Nature, soit l'Homme, ou je ne sais quel néant...

Ainsi donc, à notre avis, il n'est pas de conflit entre la pensée religieuse et la pensée scientifique ni entre la pensée religieuse et nombre de formes de la pensée philosophique.

Cependant, ce n'est pas tout, et il faut voir de plus haut cette grande question.

C'est qu'il est, en effet, des différences notables entre l'*attitude purement philosophique* et l'*attitude religieuse*.

Le métaphysicien peut encore conserver une certaine sérénité, une certaine *indifférence morale* lorsqu'il spécule sur Dieu, sur le monde, sur « l'infini actuel »...

Or cette indifférence, possible, est le propre d'une attitude non religieuse.

L'homme religieux a le sentiment qu'il est, non

pas un *spectateur*, devant l'Univers et devant lui-même, mais un *acteur* et l'acteur principal d'un drame émouvant. Il se sent « embarqué » et il faut qu'il s'oriente moralement — qu'il discerne le Bien et qu'il agisse bien.

Tout ceci est d'un autre ordre que la pure spéculation.

La pure spéculation peut rester très froide devant soi-même et devant les autres, devant tout.

Le sentiment religieux, au contraire, est la recherche de la meilleure destinée, l'aspiration à une vie morale pour soi et pour autrui. Et ce sentiment procède d'une grande inquiétude et aussi d'une tendance chaudement sympathique à l'égard de tout et de tous.

L'on connaît le Cantique au Soleil, de Saint-François d'Assise et l'on sait que son ardent amour envers Dieu, envers les hommes, était aussi un ardent amour de la Nature et des animaux qui ne résistaient pas au charme infini de sa voix et de son geste.

Homme infiniment et parfaitement religieux, il communiait avec tout et avec tous.

Le souffle de Dieu le poussait vers tout avec

amour. Il pénétrait véritablement tout par la force, la puissance de son intuition religieuse.

Inquiétude de vie, esprit de sympathie universelle, tels sont là des caractères spécifiques de l'attitude religieuse.

Là est le nœud du conflit Philosophie-Religion.

L'on peut, par l'esprit, adhérer à une Métaphysique religieuse et n'avoir pas un cœur pieux ; c'est-à-dire, en somme, n'être pas religieux.

Et, Dieu merci, l'on peut être admirablement religieux et ne point même soupçonner l'existence de la Philosophie :

« Dieu d'Abraham, d'Isaac et de Jacob... non des savants et des philosophes... »

Pascal avait écrit ces mots sur un parchemin qu'il portait constamment sur sa poitrine.

Et c'est que cet homme, l'une des « cîmes religieuses » de l'humanité, avait senti que l'esprit religieux est d'un autre ordre que l'esprit philosophique, que la Religion est d'un ordre transcendant par rapport à la spéculation comme l'Amour est transcendant par rapport à la stricte Justice, comme l'enthousiasme est transcendant relativement au froid calcul.

De ce que Métaphysique et Pensée religieuse requièrent des attitudes, à certains égards nettement différentes, il résulte la possibilité de conflits...

C'est le conflit du prophète, du mystique avec le théologien... si fréquent dans l'histoire de l'Eglise.

Il semble donc qu'il existe une source permanente de conflits entre Science et Philosophie, d'une part, entre Philosophie et Religion, d'autre part, par le fait constant qu'à bien des égards, dans ces diverses voies l'on doit adopter des orientations, des attitudes différentes.

Mais aussi nous croyons que chacun peut apaiser ces conflits, par l'expérience d'une vie intérieure intense et douée de souplesse.

Science, Philosophie, Religion sont, disons-nous, trois points de vue. Mais ce n'est pas à dire qu'il faille, à tout instant, faire un saut brusque de l'un à l'autre.

Rien ne serait plus éloigné de notre vraie pensée. Il nous semble que notre vie intérieure peut s'unifier en passant d'une manière continue d'une attitude à l'autre, de même que, en suivant un escalier en hélice, l'on explorera progressivement tous les horizons autour d'un centre.

TABLE DES MATIÈRES

Préface 3
Chapitre I. — Science et philosophie 5
Chapitre II. — Eclaircissements. — Les philosophies de la liberté. 45
Chapitre III. — La spéculation philosophique et la pensée religieuse. . . . 53

FIN DE LA TABLE

Saint-Amand (Cher). — Imprimerie Bussière.

SCIENCE ET RELIGION
Études pour le temps présent. — Prix 0 fr. 60 le vol.

1 **Certitudes scientifiques et Certitudes philosophiques**, par A. DE LA BARRE, prof. à l'Institut catholique de Paris... 1 vol.
2 **L'Ame de l'homme**, par J. GUIBERT, supérieur du Séminaire de l'Institut catholique de Paris.................. 1 vol.
3 **Faut-il une religion ?** par M. l'abbé GUYOT, ancien professeur de Théologie... 1 vol.
4 *Du même auteur* : **Pourquoi y a-t-il des hommes qui ne professent aucune religion ?**................. 1 vol.
5 **Nécessité scientifique de l'existence de Dieu**, par Pierre COURBET.. 1 vol.
6 *Du même auteur* : **Jésus-Christ est Dieu**.......... 1 vol.
7 8 9 **Etudes sur la Pluralité des mondes habités et le dogme de l'Incarnation**, par le R. P. ORTOLAN, membre de l'Académie de Saint-Raymond de Pennafort et de la Société astronomique de France.. 3 vol.
  I. — *L'Epanouissement de la vie organique à travers les Plaines de l'infini*.............................. 1 vol.
  II. — *Soleils et Terres célestes*................. 1 vol.
  III. — *Les Humanités astrales et l'Incarnation*....... 1 vol.
  Chaque volume se vend séparément.
10 **L'Au-delà ou la Vie future d'après la Foi et la Science**, par M. l'abbé J. LAXENAIRE, de l'Académie de Saint-Thomas d'Aquin, professeur de Théologie.................. 1 vol.
11 **Le Mystère de l'Eucharistie. — Aperçu scientifique**, par M. l'abbé CONSTANT, docteur en Théologie......... 1 vol.
12 **L'Eglise catholique et les Protestants**, par G. ROMAIN. 1 vol.
13 **Mahomet et son œuvre**, par I.-L. GONDAL, supérieur du grand séminaire de Toulouse........................... 1 vol.
14 15 **Christianisme et Bouddhisme**, par M. l'abbé THOMAS, vicaire général de Verdun.............. 2 vol. Prix : 1 fr. 20
16 **Où en est l'Hypnotisme**, son histoire, sa nature et ses dangers, par A. JEANNIARD DU DOT...................... 1 vol.
17 *Du même auteur* : **Où en est le Spiritisme**, sa nature et ses dangers.. 1 vol.
18 **L'Apologétique historique au XIX⁰ siècle. — La critique irréligieuse de Renan.** (*Les précurseurs. — La Vie de Jésus. — Les adversaires. — Les résultats*), par l'abbé Ch. DENIS. 1 vol.
19 **Nature et Histoire de la liberté de conscience**, par le chanoine CANET, docteur en philosophie et ès lettres de l'Université de Louvain... 1 vol.
20 **L'Animal raisonnable et l'Animal tout court**, *Etude de Psychologie comparée*, par C. DE KIRWAN........... 1 vol.
21 **La Conception catholique de l'Enfer**, par L. BRÉMOND, docteur en Théologie................................. 1 vol.
22 **L'Eglise russe**, par I.-L. GONDAL............... 1 vol.
23 **La Fausse Science contemporaine et les Mystères d'Outre-tombe**, par le R. P. ORTOLAN............. 1 vol.
24 *Du même auteur* : **Vie et Matière ou Matérialisme et Spiritualisme en présence de la Cristallogénie**........ 1 vol.
25 *Du même auteur* : **Matérialistes et Musiciens**..... 1 vol.
26 **Le Mal, sa nature, son origine, sa réparation.** *Aperçu philosophique et religieux*, par M. l'abbé CONSTANT......... 1 vol.
27 **Dieu auteur de la vie**, par M. l'abbé THOMAS, vicaire général de Verdun... 1 vol.
28 *Du même auteur* : **La Fin du monde d'après la Foi.** 1 vol.

Librairie BLOUD & Cie, 4, rue Madame, Paris VIe

COLLECTION
" LA PENSÉE CHRÉTIENNE "
TEXTES ET ÉTUDES

GRANDS IN-16 A PRIX VARIÉS.

Bonald, par Paul Bourget, *de l'Académie Française,* et Michel Salomon, 1 vol. : **3 fr. 50** ; *franco* : **4** francs.

Saint Irénée, par Albert Dufourcq, professeur à l'Université de Bordeaux, docteur ès lettres, 1 vol. : **3 fr. 50** ; *franco* : **4** francs.

Tertullien, par l'abbé J. Turmel, 1 volume : **3 fr. 50** ; *franco* : **4** francs.

Saint Jean Damascène, par V. Ermoni, professeur au Scolasticat des Lazaristes, 1 volume : **3** francs, *franco* : **3 fr. 50**.

Saint Bernard, par E. Vacandard, aumônier au Lycée de Rouen, 1 volume : **3** francs ; *franco* : **3 fr. 50**.

Newman, *le développement du dogme chrétien* par l'abbé Henri Brémond, 1 volume : **3** francs : *franco* : **3 fr. 50**.

Epîtres de saint Paul, *traduction et commentaire,* par A. Lemonnyer, O. P., professeur d'écriture sainte. 1re partie. *Lettres aux Thessaloniciens, aux Galates, aux Corinthiens et aux Romains.* 1 volume : **3 fr. 50** ; *franco* : **4** francs. La deuxième partie en préparation paraîtra prochainement.

Evangile selon saint Matthieu, *traduction et commentaire,* cartes et plans, par V. Rose, O. P., professeur à l'Université de Fribourg, 1 volume : **2 fr. 50** ; *franco* : **2 fr. 75**.

Du même auteur : **Evangile selon saint Marc,** *traduction et commentaire,* cartes et plans, 1 volume : **2 fr. 50** ; *franco* : **2 fr. 75**.

Du même auteur. **Evangile selon saint Luc,** *traduction et commentaire :* cartes et plans, 1 volume : **2 fr. 50** ; *franco* : **2 fr. 75**.

Epîtres catholiques. Apocalypse, *traduction et commentaire,* 1 volume : **3 fr.** ; *franco* : **3 fr. 50**

Actes des Apôtres, *traduction et commentaire,* par V. Rose, O. P., professeur à l'Université de Fribourg, 1 volume : **3 fr. 50** ; *franco* : **4** francs.

www.ingramcontent.com/pod-product-compliance
Lightning Source LLC
LaVergne TN
LVHW022123080426
835511LV00007B/994